Gregor Brand: *Eifelgedichte*

Gregor Brand

Eifelgedichte

Bibliografische Information
der Deutschen Nationalbibliothek

Die Deutsche Nationalbibliothek verzeichnet diese
Publikation in der Deutschen Nationalbibliografie;
detaillierte bibliografische Daten sind im Internet
über http//dnb.dnb.de abrufbar.

Herstellung und Verlag:
BoD-Books on Demand, Norderstedt
ISBN: 9783748173465

Inhalt

Morgenland

Zu meiner Geburt
kamen keine Weisen
aus dem Morgenland.

Die zu mir kamen,
waren aber auch nicht dumm,
haben ihre Sorgen gekannt und
die drehten sich oft um

ein paar Morgen Land ...

Ländlicher Spätsommer

schafe
auf dämmernder trift
und in der ferne
hin und wieder
das geräusch
eines mäh-
dreschers

Sauerampferkrankheit

Iss diesen Sauerampfer
nicht! Er ist ungenießbar
geworden. Die Frösche
haben darauf
gespuckt.
Warnte meine Urur-
großmutter ihre Enkelin
schon 1920.

Mehrere Generationen weiter
wissen wir jetzt:
Viele Frösche spuckten
seither auf viel
mehr.

Galaxis

Wufir heescht uhs Melschstraoß
net Äjabaon?
Oder Afelskreiz oder Pärdswihd
– wie aner Straoßen an da Efel?
De Stearn didn daan doch gewaß
naoch scheeiner liischten.

Un de Stearnbiiler:
Wufir gän se net genaant
Groußen Häwaon, Aal Deissel,
Langen Paol, Schai Kalef,
Audder, Scheierpaort oder Beih?
Homm mir de aal Efeler Werda
fir de Stearn bluß ploan oder
hatten us Virfooren begäß
den stearnen ijen Naomen ze gän?

Et waor weasch sou:
Naom Himel honn se
De Käpp geriischt,
wenn se wassen wollten,
ob de Gääscht net bedreiht,
oder ob ma moa Häh
maachen kann,
oder ob ma Wees seeien soolt,
oder ob et än kaalen Wanta geet …

Un ähr aowends
et Veh am Stal un
et Haus vol blonna Kanna
un dän kraanken Eihm am Bääd
und de Weelf am Besch
un de Hexen hannam Schooben
un de Gedaanken am Kapp
an da Ruh woaren,
guuw et suwiesou ald
erom häl.

Eine gewisse Depressivität

und das Verlangen
nach ihr.
Zuviel
weißer Wein, roter Wein,
Sekt und Bier.
Pfefferminz-
likör,
grün. Und die graue
Ungewissheit. Zu wenig Schlaf. Die fehlende
Selbstachtung.

Abends kommt sie dann endlich
vom Arbeiten heim, immer noch
munter und fröhlich.
Sie zieht aus die Kleidung
der Arbeit,
badet, hat schönes, dunkles, nasses
Haar und ein mutterteresanisches
Handtuch als Kopftuch.

Wir schlendern dann
durchs Dorf, sie singt, pfeift
(obwohl man doch, wie sie selbst sagt,
Hähnen, die nicht krähen, und
Mädchen, die pfeifen, den
Hals umdrehen sollte),
und möchte am liebsten
in die Disco.

Doch wir bleiben
sitzen im Auto, hören Musik,
sehen später bei ihr
zu Hause Michel Simon als
hässlichen Mann und guten
Vater.
Sie zeigt mir ihr Zimmer und
Bilder, die ich noch nicht kannte.

Später: die Schwierigkeit
des Abschieds bis zum nächsten
Tag, ich beginne
so zu sprechen wie
gestern am Neujahrsmorgen
(sagt sie, ich kann mich
nicht mehr daran erinnern).

Morgen, jetzt schon
heute werde ich sie wiedersehen.
Deshalb gibt es
eine gewisse Depressivität
nicht mehr …

Ein Sommertag in Bettenfeld

Nachts verliert Becker gegen Lendl
aus der Tschechoslowakei.
Nackte tummeln sich in der Ägäis
– auch da sind Kameras dabei.
Hier färbt die Morgensonne die Pfützen rot.
Frankreiter Hermann ist tot.

Die Sonntagsmesse ist kurz. Die Predigt fiel aus.
Erleichtert gehn die Leute aus der Kirche hinaus.
Brigitte erzählt von Dänemark und Schweden.
Ich höre es gern und lasse sie reden.

Die Sonne scheint. Ruhig geht der Tag dahin.
Nicht alle wissen: Beides hat seinen Sinn.

Abends spielt das Mosenbergecho mit Edgar Tobehn.
Ich weiß es, hab`s aber weder gehört noch gesehn.
Ich fahre mit dem Rad den Totenmann hinauf.
Die Sportschau filmt Herbert Steffny
beim Marathonlauf.
Vorgestern zeichnete ein Gewittersturm
die Sommerflur. Liegender Hafer, ab-
gebrochene Äste weisen die Spur.
Die Füchse rauchen. Nebel erfüllt die Wälder.
Die Dämmerung ist kühl und netzt die Felder.

Heike kommt heute aus Spanien heim:
Dann wird unser Dorf noch schöner sein!

Lesura

Pirol, Eisvogel.
Reben, Wald, Hoffnung: grünend.
Siebenborns Frühling.

Prozession

Die gebete sind längst verhallt
nicht alle
bitten wurden erhört
das gras das damals grünte ist
gemäht und gefressen
die rinder die am weidezaun
drängten zum frommen gesang
brüllend sie sind
geschlachtet und gegessen
zeichen der unvergänglichkeit
fand ich doch
in der gestalt
der heiligen
vor mir
als ewiges mandala leuchtet
das muttermal an ihrem nacken
in meiner unsterblichen seele

An der Mosel

leise säuselnde blätter
alter kokos-
palmen die schreienden
jungen der blauen
lapavögel beim füttern
aufgeregte blicke
langschwänziger goldfarbener
löwenvögel schildkröten-
fischer in ihren booten
aus maulbeerholz und auf-
fliegende weiße reiher
bananen- und zuckerrohr-
pflanzungen soweit
das auge sieht
gutgebaute nackte
eingeborene mit langen
schwarzen haaren
wunderbar im wasser
wie fische schwimmend
friedfertig und frei
sie besitzen nicht
eisen oder andere metalle
sie sprechen sehr
selten und leise
mit demselben akzent
wie wir sie scheinen
von der art ihres redens her

einfältig zu sein
in wirklichkeit
aber haben sie
sinnreiche köpfe
wirklich barbarisch
ist ihre art
zu essen ohne feste zeiten
nur wenn sie hungrig sind
sie singen im chor
feiern götzendienst
nach der ernte des kakaos
und sie schreien
beim brüllen brünstiger
panther im dschungel
vor angst fürchterlich
erschreckend:

was ist hier geschehen?
leben wir denn schon
in einem treibhaus oder
haben die kühlenden wasser
vom oberen fluss den strom
so merkwürdig erhitzt
und die früher so klug
gehegten berge des weines
in ein fremdes land
verwandelt? ach nein ich
lese bloß

abends am ufer
ein gedicht von
ernesto cardenal

Eifelhimmel

Keine Schäflein sind heute
die Wolken.

Nein, eher schon große
dunkle Kühe.

Doch kann auch das nicht sein: Wären sie
wirklich mit prallen Eutern gesegnet,
dann hätte es doch vorhin
gewiss Eifelmilch
geregnet.

Evolution

das dorf
bettenfeld
war früher
zu finden
beim kloster der zisterzienser
und in einem
der bezirke der verwaltung
schließlich
als die touristen kamen
im süden
der vulkaneifel
in einzigartiger kraterlandschaft
wird es vielleicht einmal gewesen sein
allzu nah
den großen

air-bases

Alleinseligmachend

Die alte Eifel: Katholisch
waren Mann und Frau.
Fromm war das
ganze Land.

Und doch haben viele Frauen
und Männer sogar nachts
mehr als einen Weg
zur Seligkeit
gekannt.

Die Bleibenden

Es waren Moselfranken,
die vor Jahrhunderten siedelten
in fremden Landen.

Ob im Süden Brasiliens, ob in
Wisconsin, Montana oder Siebenbürgen:
Sie blieben, ließen sich nieder und
durch nichts und niemanden
niederwürgen.

Sie fielen auf durch ihre große Kinderschar.
So wie es seit urafrikanischen Zeiten
bei allen Bleibenden immer
ist und stets
gewesen
war.

Eifler Kindheit

In meiner Jugend gab es keine
vegetarischen Braten.

Da hat der Pfarrer noch selbst
Eheleuten vergeblich
zur Keuschheit
geraten.

Was für eine Zeit!
Was für Taten!

Auf dem Land

Jedes Jahr: Einheimische
gehen, Ausheimische
kommen. Die Dörfer
bleiben.

Aber sich nicht gleich.

Mein Urgroßvater (I)

Martin Pütz, den Großvater meiner Mutter, kenne
ich nur vom Hörensagen. Und von dem Foto,
auf dem er mich jetzt anblickt, wie fast
täglich stundenlang.

Würde ich öfters zurückblicken:
Gewiss würde mir dabei ganz bang.
Denn hätte er seinerzeit nur flüchtig
in meinen Gedichten geblättert, er hätte mich,
bärtig wie er war, wahrhaftig auf seinem Amboss
zerschmettert mit markiger Meerfelder Hand und
mich auf diese Art, schmiedemeisterlich katholisch
gemacht, seinem Papst Leo zum treuen
Opfer gebracht.

Dieses Unglück hätte ich wohl nur mit frommer
Heiligen Hilfe abwenden können durch einen
letzten klugen Schrei. Denn Intelligenz
war ihm, und das hat sich vererbt,
teuer und eigen und alles
andere als einerlei.

Mein Urgroßvater (II)

Jakob Schleidweiler, Vater meiner Großmutter,
ist in kaiserlichem Heer Soldat gewesen
und Tambourmajor.

Wie oft wurde nicht in jenen herrlichen Zeiten der
Tambourmajor beschrieben und bedichtet!
Meistens von Männern, die heimlich
grün waren auf seinen Löwenbart
und die breite kraftvolle Brust
und die Blicke von Frauen
voll gar nicht so alt-
modischer Lust.

Dabei hätten sich diese Dichter freuen können:
Dass mein Urgroßvater ihre Werke hat
nicht selbst gelesen und studiert.
Schon kleinere Dinge haben
ihn arg in Rage gebracht
und vulkanisch
irritiert.

Und über das, was er dann hat mit ihnen gemacht,
hat man erst viele Jahrzehnte später,
wie ich selber wohl weiß,
zu lachen gewagt
und neu nach-
gedacht.

Homer, korrigiert

Hektor soll ein tapferer Held gewesen sein
in Troja?

Ein Hund war er!

In Bettenfeld,
oh ja.

Germanisch Weisheet

Wat gebaut gúf,
geht och ees kabót.
Familien stärwen.
Dau selwer stirfst
fríher oda spéider
gená sou.

Neist wees esch,
wat éiwisch lääft.
Sugôr daat best,
wat ma vôn nem Mänsch
nôch en Zeit láng behäält:
Op emôl as et
net méi wôr.

Äwel dô riwer wólle ma
welln net trauern.
Sóllen líwer aner Leit
mat su'n Gedaanken
versauern.

Abendspaziergang im Dorf

Merkwürdig, wie der Lärm dieser großen
Traktoren so gut hineinpasst in
meine relativ kleinen
Ohren ...

Wie seltsam, dass andererseits die Witterung
von jenem Tier dort hinten, vielleicht
ein Hase, spurlos vorbeiweht
an meiner doch recht feinen
Nase ...

Schließlich der treffliche Bauer vor seiner alten
Scheune, der wohlbeleibte: Ist es nicht
erstaunlich, wie über dreißig
Meter entfernt und
schnurlos von
meinem Kopf ein leichtes Nicken
in gleiche Bewegung versetzt
das schwere Haupt
des braven
Dicken?

Nebelmeer

An meinen guten Vater
erinnere ich mich
immer gern.

Schade, dass jetzt niemand hier
eine Zigarre raucht.

Meine Gedanken wären dann
noch tiefer ins Nebelmeer
Eifler Erinnerungen
getaucht.

Eifelland, Moselland

Fromm lebten hier die heidnischen Treverer.

Hätten nun in cäsarischer Zeit Roms Legionen
nicht Gallien unterworfen und das weinselige
Land um Trier, hätten später germanische
Krieger nicht als Bauern hier gewurzelt
mit Kuh und Kalb und Stier, dann
wären meine Ahnen sicher, was
sie einst waren, geblieben und
dieses Gedicht hier wäre,
mir wohl verständlich,
ganz anders und
in schlichtem Keltisch geschrieben.

Mein leichtes Leben

Ich führe das leichte Leben
eines Nachfahren.
Für mich ist es
einfacher, einen Gedanken
ad absurdum zu führen
als für meine
Vorfahren eine Kuh zum Stier.

Gedankenspiel

Würde ich – Gott bewahre! – meine Heimat
hassen, dann dächte ich
gewiss mit Grausen
nicht nur an Bettenfeld,
sondern mehr noch an

Manderscheid und
Bleckhausen.

Meine wahre Heimat

Was ist nun
meiner Seele wahre Heimat?
Sind es jene süßen
Stunden, an denen die Sonne des Lebens
mir am schattigsten scheint?
Sind es die vermessenen Räume:
Deutschland, Europa – die ganze Welt?
Ist meine wahre Heimat am Ende
doch der fromme Himmel oder
nichts als die raue Erde?

Schwere Fragen. Zum Glück
bleibt im Zweifel
immer noch die Eifel.

La Fête du Cochon

there was a volksfest
called Säubrennerkirmes

wir fuhren dort hin
wie schon
die jahre zuvor
es wurde schon
beim zweiten mal
tradition für uns
wir ziehen umher
eine gruppe von vielen
wir reden lachen schauen
die einen gehen
hierhin die anderen
dorthin immerhin
gibt es allerhand
stände spiele schau-
stellungen

und irgendwann
haben wir genug
gesehen wir treffen uns an
der weinstraße
der mittelmosel
wir reden lachen trinken
und begegnen
wenn wir glück haben
inka aus bausendorf

als eifler sind wir
barbarisch
erfinderisch
schöpferisch und
verbinden was sonst
getrennt ist
reiler heißer stein
kröver nacktarsch
monzeler kätzchen
und trinken dann
reiler nackte kätzchen

there was a volksfest
called Säubrennerkirmes
people all around people so nice
people so loud
and one very special girl
in this crowd
Heike

we sat there and drank wine
it smelled fresh not faked just fine
and suddenly i don't remember how
i caught it i had a piece of paper
and something to write and
i wrote
a love letter to
Heike
it was only one long sentence
and probably it was

more love than letter
at least to me
to her it was
some kind of nothing
i suppose

und noch später gingen wir
dann zum marktplatz zurück
wir hörten
im hintergrund die musik
tranken und lachten
immer noch
und fingen dann
einige soldaten ein
und ein gespräch
mit ihnen an
they were really
nice and funny
witty and black
and the conversation was
easy and good
especially with bobby
smallhood from north carolina
they served in the army
und karlheinz sagte
i am in the army too
und bobby freute sich oh
then we will fight together
black prophecy
die musiker hörten auf

es wurde uns zu
leise wir wollten singen
oh haupt voll blut und wunden
schlug ich vor beate
nannte das
blasphemie
dabei war es doch
nur ein scherzlein und
white prophecy

es wurde nichts gesungen
es blieb alles
sehr schön
ich fühlte mich
wohl denn
bei mir war
Heike

und der wein und bobby
smallhood und ich
erklärte ihm
she is my sister
er antwortete
lachend i can't believe that
you're so ugly and
she's so pretty
das war wohl alles
schwarzer humor

und dann forderten
diese vielen vino-
logischen erzeugnisse
ihren feuchten uro-
logischen tribut
von mir ich
ging kurz
an die leise lieser
und als ich wieder
auf dem markt erschien
spürte ich einen gestörten
weiß-schwarzen
rhythmus
und
begehrliche blicke und worte
schuldiger männer
(ich weiß nicht, wer
anfing, aber schuldige gibt es
immer, oder?)
auf ein liebes unschuldiges
mädchen aus ehrang
hatten die harmonie
beendet
sagte man
mir später
und nun
wurde ich zeuge
eines dieser televisionären
dialoge wo

der eine zu worten greift
der andere aber nur
armselig und handgreiflich
antwortet

so war es hier als
sabines großer weißer
amerikanischer freund
von seinem schwarzen
kameraden eine harte antwort
bekam wo
der arm den seligen
teil bei weitem überwog
und sofort griffen
andere männer ein
diese schwarzweiße
schlagende verbindung
schnell aufzulösen
aber wie
in jenem film
von verhaltensforschern
wo
affen in afrika
plötzlich eine im gras liegende
leopardenattrappe
vorgeführt wird
und die schimpansenmänner sogleich
laut schreiend von überall her
zusammenlaufen die erstbesten
äste ergreifen und

die mutigsten
männchen
auf die liegende katze
einschlagen
so tauchten hier
plötzlich und schnell
aus dem wittlicher dunkel
der verlöschenden kirmes
viele schwarze krieger
auf griffen zu
flaschen sprangen
auf
einzelne von uns
zu
und schlugen heftig und trafen
glücklicherweise wenig

wir ziehen uns schnell
mehr oder weniger
geordnet zurück
die vorletzte gruppe
von vielen wir machen uns
luft auf dem weg zum bus
einige schimpfen
auf die bösen
schwarzen und
Heike
über mich meine
worte seien im grunde
schuld gewesen

wat soll esch soen?
schold hiin schold her
et woar weasch rischdisch
dat ma us net gepriejelt honn
mat dän besofenen
äwel eent wees esch
honnert joer friar wian
Krämer Enders un Schleedweilisch Jäb
– von Thomessen Beernd gor net ze reden! –
un aner suen keerlen
aus bähdfeld
net als eeschten
vom moatplatz gaangen
un hätten hann noe gesoet:
et woar weasch rischdisch
dat ma us net gepriejelt honn
matt dän besofenen

Autoradio

This is not America.
Rischdisch singsde,
David Bowie.
Daat as net Amerika.
Hei dat as Mannalitschen
un lo han
leit Haupert!

This is not America.
Wuvon
weeßt dau dat iwahoopt,
David Bowie?
Woas de alt ees
hei an da Gäjend?

This is not America.
Jo, et as jo guet,
ma wassent welln:
Daat as net Amerika.
Daat as net Amerika.

Das Erbe

Mein Vater und seine Schwester
notierten vieles, was geschah.

Ich führte diese Tradition fort
– ehe ich überhaupt wusste,
dass sie war da.

Messe aus einer anderen Welt
(Für die im Zweiten Weltkrieg gefallenen
Bettenfelder)

zuerst zitiert gott
ihren führer
und sagt
Die Bewegung hat
die Achtung vor der Person
mit allen Mitteln
zu fördern. Sie hat
nie zu vergessen,
dass im persönlichen
Wert der Wert
alles Menschlichen liegt, dass
jede Idee
und jede
Leistung das Ergebnis
der schöpferischen Kraft
ist und dass
die Bewunderung
vor der Größe nicht nur
einen Dankeszoll an diese
darstellt, sondern auch
ein einigendes Band um die Dankenden schlingt.
Die Person ist nicht zu ersetzen:

Paul Reichert
Bernhard Weiler Zens

Karl Weiler

Johann Schuh

Josef Foegen

Peter Schiefferens

Josef Gierden

Gerhard Kleifges

Oswald Heck

Ernst Nikolaus Weiler

Peter Gierden

Peter Schröder

Ernst Heck

Wilhelm Leitges

Bernhard Weiler

Johann Zens-Weiler

Nikolaus Pantenburg

Hubert Rodenbüsch

Bernhard Becker

Matthias Servaty

Heinz Becker

Rudi Lersch

Johann Thies

Christian Leitges

Peter Schiefferens

Nikolaus Weiler

Josef Blank

Helmut Heck

Josef Reichert

Fritz Eis

Paul Schröder
Jakob Gierden
Peter Wirtz
Anton Kolley
Johann Bracht
Olli Müller
Matthias Weiler
Johann Gierden
Johann Broos
Willi Sachen
Josef Gierden
Josef Weiler
Matthias Kolley
Hermann Schiefferens
Rudi Weiler
Jakob Servatius
Bernhard Steffes
Paul Schifferens
Christian Pütz
Johann Weiler
Peter Zens
Paul Regh
Peter Reichert
Jakob Zens

alle stehen auf
gott
spielt zum schluss selbst
das saxophon des sterbens

Fragment zur frühen Kindheit (I)

Ab und zu glaube ich, wenn ich mir manche
zeitgenössischen Dichter zu Gemüte
führe, mir mangele es an moder-
nem und an post-
modernem

lyrischen Bewusstsein. Ich gehe
hoffentlich nicht zu weit,
wenn ich diese Wunde
jetzt verbinde mit
meiner frühen
Kinderzeit.

Eigentlich standen in jenen Jahren meine Chancen
gar nicht schlecht. Die Gene waren aus-
gezeichnet und die Bedingungen
meiner Umwelt mir bald
bekannt und lange Zeit
auch recht.

Gleich hinter unserm Haus, nah am Mist,
dort, wo die Natur angefangen ist,
wuchsen Himbeeren und Holunder
und blühten Rosen und
Mohn im Atem jener Zeit:
mit leicht an-
gebrochenem Glück.

(Ich denke hier an Peter Huchel. Die jungen
Karl Krolow und Günther Grass
sowie der Tod von Brecht und
Benn lagen ja schon
einige Jahre
zurück.)

Doch fehlte mir in jenen prägenden Tagen wohl
der literarisch korrekt bildende Blick: Ich
kannte keinen Dichter persönlich
und las, gleich unseren frei
laufenden Hühnern,
von ihren Schriften
kein einziges
Stück ...

Fragment zur frühen Kindheit (II)

Die Späten Fünfziger.

Flimmernd ferne, sehr CDU-
nahe Tage, verwelkende
Zeit der Naturfilme
und -gedichte.

Damals glühten die schartigen Sensen
des Winds im Stroh, Melissen blühten
und Hopfen, das geröstete Fleisch
aus den Nächten des Krieges
zu vergessen.

Auch ich spielte in jenen Tagen auf
deutscher Erde, atmete den kostbaren
Duft des Heus und spürte
im Schatten des Birnbaums
die gefährliche Nähe
der Jauchegrube.

Ferner Sommer

Heiß war mein erster August.
Ich stillte Hunger und Durst
an der Mutter Brust.

Es ist nichts Besonderes, aber
wer hat es bis jetzt schon gewusst?

Wie lange wird man es von nun an wissen?
Einige werden es nie mehr vergessen.

Wir Gedanken leben ewig.
Behauptet einer aus diesem unsichtbaren Volk.

Gewiss zu optimistisch und viel
zu vermessen.

Bier und Wein

Mit Bitburger Bier und Wittlicher Wein
kann man traurig oder voll-
kommen glücklich sein.

Es wird solche Gefühle natürlich immer
noch einfacher geben:

Man braucht ja nur
zu leben.

Gott als Ebenbild

Wie einer ist, so ist sein Gott.
Dachte Goethe – wie so viele Heiden.

Dann würde mein Gott sich also ab und
zu am Unglück der Bösen weiden,
wäre ein Eifler und manchmal
sogar sensibel.

Und Tränen stiegen ihm an Sonnentagen
in dunkle Augen ob der Vergänglichkeit
des Lebens sowie beim Schneiden
einer Zwiebel.

Prümer Erinnerung (I)

Als ich elf Jahre alt war und lebend
im Internat des Bischofs, ging
ich in das Zimmer meines
Bruders, las Hitler und
Nietzsche sowie
SPIEGEL und TWEN
und redete mit
den Schrift-
gelehrten
der Oberstufe.

Präpubertär lebte ich diesseits
von Gut und Böse und ließ mich
beeindrucken von der
Genealogie der
Moral.

Als einige kluge Lehrer von diesem
Tun erfuhren, fragten sie mich,
ob ich denn auch
das Gelesene
verstünde.

Diese Frage war einfach
zu beantworten.
Das konnten sie nicht
so schnell begreifen.

Ich verbrachte meine Kindertage

Ich verbrachte meine Kindertage
nicht an den Ufern
des Mississippi
Ich machte Pipi
an den Ufern gras-
bewachsener Wege
in einem ginstergoldenen Berg-
waldland in dem sich
ein halbes Jahrtausend lang
Römer Griechen und Juden
an blonden Haaren die Hörner
abstießen wie ich
fünfzig Generationen später noch
mit eigenen Augen und Genen
bezeugen kann

Die Unterschrift des Weingottes

Dionysos war ein übermütiger
Analphabet!

Schau:
Die Weinberge der Mosel
sind noch immer
mit Kreuzen
übersät ...

August

es ist august
das zweite heu würzt
duftend die erinnerung

der eisenhut atmet noch
den rosenduftet der ersten
kühle
in den ähren dieser zeit
flieht jetzt tag um tag
schwarzes gewitter
droht
über dem hügel
der bleibt
nein nur die
erinnerung bleibt
wach tag um tag

Es ist August.
Zeigte es nicht der Kalender:
Ich hätte es doch gewusst.

Die geschlachteten Tage

In den grünenden Dörfern
Alteuropas und natürlich
auch im Land der steinhäuser-
bauenden mosel-
fränkischen Bauern
war der Schlachttag einst
bedeutsam wie bei Gebildeten früher
der Tag einer Schlacht

Und es gab viele Dorfgelehrten
die konnten
sich an so viele zahlreiche blut-
ige blut-
wurstige Schlacht-
tage erinnern
wie ich

sie nie mehr erleben
werde

Kurz vor Ostern, 1996

Der Philosoph
Hans Blumenberg ist gestorben.
Und der Philosoph
Martin Pütz, mein Onkel
in Bettenfeld.
Und, wieder einmal,
Jesus aus Nazareth.

Wenn ich einen von diesen
wieder lebendig machen
dürfte: Wer würde es sein?

Nur so viel will ich
verraten: Eisch hôn emmer
gär mat'm geschwát.

WIL – WE – 90

(formel der schönen
Erinnerungen)

Verschwiegenheit

warum haben die niederdeutschen
die sachsen und angeln und
teilweise die eifler
die hochdeutsche laut-
verschiebung nicht mitgemacht?

weil sie alles
verschobene laute hassen?

die antwort wissen
allein ihre alten
germanischen götter
und die halten möglicher-
weise für immer
ihren mund

Religionsunterricht

Im Religionsunterricht
in der katholischen Eifel
lehrte uns im ersten
der siebziger Jahre
ein guter Handke und Pink
Floyd liebender Lehrer:
Wie man keine Kinder
macht, dass Kondome sicherer sind
als Coitus interruptus, dass
Masturbation ein lateinisches
und passenderes Wort als Onanie,
am besten aber sei
das wertneutrale:
Ipsation.

Und die Franzosen bezeichneten
zu Recht einen Orgasmus:
den Kleinen Tod.

Das waren neue katholische Welten.
Von Unsterblichkeit redete man
darin ziemlich selten.

Aus dem Leben der Großväter

Ihr Großvater studierte
den Talmud.
Mein Großvater arbeitete
im Stall gut.
Jener kannte Rabbi Meir
und Rabbi Chanina,
meiner dagegen
Bless und Blum,
Frieda und Mina.
Jener machte sich
mit Gott und seinem Wort
große Mühe,
meiner fütterte zudem
noch diese Kühe.

Metro

paris ist wie
bettenfeld: überall
kommt der besucher
ohne auto
schnell hin

Der Rabe

Sommer.
Wald.
Sonne.
Wald.
Ein Rabe
auf höchstem Ast
einer alten Kiefer.
Schwarze Federn
schlafen.

Ur-
plötzlich schlägt er
wild mit den Flügeln
und schüttelt

alles Christentum ab.

In den Ardennen

im hellen dunkel
des herbstwaldes
offenbart sich
heiser der hirsch
mit seinem harten
hauch: sancte
spiritu
verehrungswürdiger
als menschenwerk
bleibt das heilige

Bäume

ihr harz hüllte
vor jahrtausenden
königliche mumien

harzlos nun
sind sie selbst
königliche mumien

Poeta eiflensis europeus

Sollte einmal diesem seltsam magmastillen
Land ein denkwürdiger Dichter erstehn
— oder ist es gar schon geschehn? —
so könnte man durch die Art,
wie sein Leben vergeht,
erahnen, aus welch
dunklen Untiefen
er besteht und
verweht.

Schätzt er flüssigen Geist wie viele Dichter
gälischer Zunge, im grauen Nebel voll
Betrübnis, dass es feuer- und gold-
gelockte Frauen gibt zu selten,
so deutet das keltisch weit
auf uralte Welten.

Liebt er Schönheit, klares Recht und schwankt
zwischen Verdruss und Genuss nicht nur
bitteren Biers, so mag dies Erbe süß
sich sträubender Sklavinnen sein
eines nachts nicht nüchternen
griechisch-römischen
Offiziers.

Ruht sein Auge gefällig auf gesunden
Wäldern und Kälbern und leidet er

mit den kranken, so könnte
dies letzte Spur sein
eines Franken.

Ist ihm bewusst, dass dies alles nur Vorurteile
sind, so befand sich unter seinen Vor-
eltern wohl mehr als ein
zwangsgetauftes
Judenkind.

Es ist zu spüren: Solch ein Mensch ist voller
vergangener Gegenwart und nimmt
den Toten nichts mehr krumm.
Offenbar sieht er sich jenseits aller
Balken und Splitter als
wohlgezimmertes
Individuum.

Prümer Erinnerung (II)

Zwei Monate, bevor mir
das Zeugnis der Reife
übergeben
wurde, übergab
ich mich:

Während des Unterrichts, in der großen
Pause, hatte jemand eine Flasche
mitgebracht und ein Schnapsglas.
Einige meiner Mitschüler, Elite
wie ich, tranken ein Gläschen,
wenige probierten zwei.
Ich wusste, dass es
überflüssig, unsinnig und grundlos
war, an diesem beliebigen Mittwoch
vormittags Alkohol zu trinken.
Lustig und witzig
fand ich es jedoch, der Unvernünftigste
zu sein.

Nach meinem elften Glas war die
Pause zu Ende.

Danach fühlte ich mich wohl
sehr wohl. Es war eine Stunde
mit Geschichte.
Dann folgte eine Zeit
lateinischen Geistes, beginnen mit Horaz,

endend – nachmittags in meinem Bett.
Für die Zwischenzeit gibt es Zeugen,
doch ich gehöre nicht dazu.

Am nächsten Tag, frisch
gebadet, rasiert und fröhlich, wunderte ich mich
über meine
Notizen aus der Geschichtsstunde.
Die Schrift war eigenartig, höchst unregelmäßig.
Sie ließ mich sofort denken
an Eintragungen von Bergsteigern,
wenn sie in großer Höhe
unter Sauerstoffmangel litten.

Im Nachhinein
erscheint es mir wahrscheinlich,
dass auch ich an jenem Morgen
hoch hinaus wollte. Und
die Buchstaben bewiesen,
dass ich es geschafft hatte.

Ein leichtes Gedicht

Maria Pütz, geborene Wagener
(1889 – 1964).
Das Grab meiner Großmutter wurde nun
dem Erdboden gleich gemacht.
Des Kreuzes verwitternder
Stein ist verschwunden.
Das Dorf braucht alte
Erde für neue
Tote.

Ihr hat es fast nichts aus-
gemacht. Dass bestenfalls ein Er-
innern bleibt, wie von ihrem jüngsten
Sohn, hat sie zu Kriegs- und Lebzeiten
täglich gewusst und nachts
stumm gedacht.
Hätte sie schon diese Zeilen gekannt,
sterbend, dann hätte sie zu meiner
Mutter geflüstert, tröstend,
und hält dabei ihrer lieben
jüngsten Tochter
Hand:
Sei nicht traurig.
Ein leichtes Gedicht statt eines schweren
Steines – das ist doch für jeden Toten
etwas Feines.

Gregor Brand (geb. 1957 in Bettenfeld) wuchs auf dem elterlichen Bauernhof in der Vulkaneifel auf und war Schüler im Bischöflichen Konvikt in Prüm. Mit 17 Jahren Abitur am Prümer Regino-Gymnasium, anschließend Studium der Rechtswissenschaft an der Universität Trier. Nach dem Assessor-Examen Tätigkeit als Wissenschaftlicher Mitarbeiter von Professor Dr. Bernd von Hoffmann am Trierer Lehrstuhl für Bürgerliches Recht, Rechtsvergleichung und Internationales Privatrecht.

Seit 1987 Erziehung zweier Töchter als Hausmann. 1994 Umzug nach Schleswig-Holstein. Tätigkeit als freier Autor, Lektor und Privatlehrer. Neben vielzitierten Aphorismen, zahlreichen Artikeln und Abhandlungen zu unterschiedlichen Gebieten veröffentlichte Brand bislang fünf Gedichtbände sowie Hunderte biografischer Essays über historisch bedeutsame Menschen mit Eifler Wurzeln („Kinder der Eifel – aus anderer Zeit". Band I, 2013; Band II, 2018).

Der aus der Eifel stammende Schriftsteller Gregor Brand nahm seit seinem ersten Lyrikband „Ausschaltversuche" (1985) immer wieder die poetische Herausforderung seiner Heimat auf originelle Weise an. Neben einigen bisher unveröffentlichten Texten fasst der vorliegende Gedichtband erstmals die meisten dieser an unterschiedlichen Orten entstandenen und veröffentlichten Gedichte zusammen, darunter einige in Moselfränkisch, seiner eigentlichen Muttersprache. In den Gedichten werden vielfach persönliche Erinnerungen in Beziehung zum verschlungenen Gang der Geschichte gesetzt. Ob mit Ironie und Selbstironie, naturliebend oder philosophisch, melancholisch oder unbekümmert: Gregor Brands Eifelgedichte gestalten mit ihrem eigentümlichen Ton und Stil die Literaturlandschaft Eifel unverwechselbar mit.